Israel

Klassische Reiseziele

Grabeskirche und Felsendom in Jerusalem

Gianfranco Nolli

Atlantis

Ins Deutsche übertragen von
Kerstin Trinkner

Redaktion
Dr. Dieter Struss

Titel der Originalausgabe
Gerusalemme, Santo Sepolcro e Moschea di Omar

Herausgeber der Reihe
Silvio Locatelli und Marcella Boroli

Lizenzausgabe 1989 für
Manfred Pawlak Verlagsgesellschaft mbH, Herrsching

Printed in Italy, New Interlitho S. p. a. – Trezzano
ISBN 3-88199-592-7

Ursprung der Geistlichkeit

Von welcher Seite man sich heute auch der Heiligen Grabeskirche nähert, es ist praktisch unmöglich, sich ein genaues Bild davon zu machen, wie diese Stätte zur Zeit der Kreuzigung Christi ausgesehen hat: Die im Laufe der Jahrhunderte entstandenen Bauten beeinträchtigen unser Vorstellungsvermögen. Selbst das Bodenniveau ist verändert worden, da die von Konstantin dem Großen veranlaßten Arbeiten (wie wir sehen werden) den Abhang des Gareb, des damals außerhalb der Stadtmauern von Jerusalem liegenden Westhügels, für immer verschwinden ließen.

Wir verfügen jedoch über das Zeugnis der Evangelien, die uns nebenbei so manche Informationen liefern. So können wir zumindest teilweise die damalige Topographie dieses Gebietes nachzeichnen. Aus den Erzählungen der Evangelisten stammen folgende wesentliche Informationen: Der Ort, an dem Jesus gekreuzigt wurde, hieß auf hebräisch Golgota, was auf deutsch »Schädel« bedeutet; er befand sich außerhalb der Stadtmauern von Jerusalem, denn Johannes schreibt ausdrücklich: »Er trug sein Kreuz hinaus (aus der Stadt) zur sogenannten Schädelhöhe« (Johannes 19,17); doch er war nicht weit von der Stadtmauer entfernt, und es war ein Ort, an dem viele Leute vorbeikamen, denn Matthäus berichtet: »Die Leute, die vorbeikamen, verhöhnten ihn, schüttelten den Kopf« und beschimpften ihn (Matthäus 27,39); und Johannes bestätigt, daß viele die Inschrift über dem Kreuz lasen, »weil der Platz, wo Jesus gekreuzigt wurde, nahe bei der Stadt lag« (Johannes 19,20). Diese für die Hinrichtungen bestimmte Stätte mußte, um einem »Schädel« zu gleichen, nicht nur ihre Umgebung überragen, sondern auch eine runde Form haben, die das Volk dazu veranlaß hatte, sie »Schädelstätte« zu nennen. Dank der Evangelien wissen wir außerdem, daß es in diesem Gebiet, ja in unmittelbarer Nähe der Hinrichtungsstätte, einen Garten gab: »An dem Ort, wo man ihn gekreuzigt hatte, war ein Garten, und in dem Garten war ein neues Grab, in dem noch niemand bestattet worden war. Wegen des Ruhetages der Juden und weil das Grab in der Nähe lag, setzten sie Jesus dort bei« (Johannes 19,41). In den Fels gehauene Gräber aus dem 1. Jahrhundert v. und n. Chr. sind entdeckt worden, und wir kennen somit ihre Struktur: Die Beschreibung der Evangelisten läßt vermuten, daß das Grab Jesu ein ganz normales, in den Fels gehauenes (Matthäus 27,60) Grab war; es hatte einen kleinen Vorraum, in dem Freunde und Verwandte um den Toten trauern konnten und der in einen zweiten Raum führte, wo der Leichnam aufgebahrt wurde.

Sei es wegen seiner Bedeutung als Hinrichtungsstätte, sei es wegen der Gegenwart von Gräbern – wenn auf dem »Schädel« nicht das Schauspiel mit dem Tode ringender Verurteilter geboten wurde, waren dort trotz der kurzen Entfernung zur Stadt wahrscheinlich nur wenige Leute anzutreffen: Denn als Maria Magdalena am Morgen des ersten Tages nach dem Sabbat in diesem Garten einen Mann sah, dachte sie, es wäre der Gärtner, da sich an diesen Ort und besonders um diese Zeit keiner gerne begab. Daß der Ort sehr abgelegen war, bestätigt übrigens auch der Verdacht der Pharisäer, daß die Jünger Jesu in der Nacht den Leichnam rauben würden: Dieses Vorhaben hätte leichter durchgeführt werden können, wenn das Grab sich auf einem Privatgelände befunden hätte, verborgen vor den Blicken derer, die eventuell auf ihrem Weg in die Stadt vorbeigekommen wären.

Aber wie ist dies alles mit der Nähe der Stadt und vor allem mit der Tatsache zu vereinbaren, daß wenige Jahre später (44 n. Chr.) Herodes Agrippa zum Schutze der Häuser außerhalb der antiken Stadtmauer eine zweite Mauer errichtet, die auch den »Schädel« und dessen Umgebung umfassen mußte? Wie konnten Gärten in der Nähe einer Mauer entstehen, in deren Bereich normalerweise alles entfernt wird, was auch nur das kleinste Hilfsmittel bei einer Erstürmung darstellen könnte, wie z.B. die Bäume eines Gartens?

Die ausführlichste Antwort auf all diese Fragen gab uns die Archäologie: Die Stätte, um die es geht, war ein alter Steinbruch, der zwei Jahrhunderte vor der Zeit Jesu geschlossen worden war. Die kurze Entfernung zur Stadt war ein Vorteil beim Transport des Baumaterials, und so war der Steinbruch seit dem 7. Jahrhundert v. Chr. genutzt worden: Der zur Bestimmung und Gewinnung der Steinblöcke behauene natürliche Fels ist der beste Beweis dafür, daß der Steinbruch unter freiem Himmel lag und daß der Fels nicht systematisch abgetragen wurde (wie es heute mit modernen Arbeitsgeräten geschieht), sondern daß man dabei den Unebenheiten folgte, so daß an manchen Stellen beachtliche Tiefen erreicht wurden, während an anderen flache Felssporne oder -bänke verblieben. Die harte, anstrengende Arbeit im Steinbruch erklärt, warum dieser Ort wahrscheinlich fast unbewohnt war und auch warum er schließlich wahrscheinlich ganz verlassen wurde, als die Häuser außerhalb der Stadtmauern mit der Zeit immer näher rückten: Vergessen wir nicht, daß die Arbeit im Steinbruch gewöhnlich von Schwerverbrechern verrichtet wurde und daß die nahen Wohnungen eine zu offensichtliche Einladung für sie darstellten, ihrem Gefangenendasein zu entfliehen. Nach Stillegung des Steinbruchs jedoch entstanden auf dem nicht ausgehöhlten Fels Gärten und in den senkrechten Wänden, die der Gesteinsabbau hinterlassen hatte, ausgezeichnete Grabstätten.

Es lag nahe, das ehemalige Arbeitslager für Verurteilte zu einer Hinrichtungsstätte zu machen, da der Ort bereits einen negativen Ruf hatte und zum anderen in der Nähe der Stadt lag und somit eine Warnung für jene darstellte, die den Ort passierten. Ferner haben die Ausgrabungen keine Spuren von Gebäuden oder Bauten aus der Zeit vor Hadrian zutage gebracht, was beweist, daß diese Gegend weiterhin unbewohnt (wir würden sagen »verflucht«) geblieben ist, auch nachdem sie durch die Errichtung der dritten Stadtmauer zu einem festen Bestandteil der Stadt geworden war. Es ist also leicht zu verstehen, warum Hadrian gerade hier das Kapitol von Aelia Capitolina erbaute; einerseits befand sich in dieser Gegend ein von einem Teil der Juden verehrter Ort (das Grab Christi), andererseits waren hier keine Bauten errichtet worden, da die Gegend an die harten, hier vorgenommenen Bestrafungen erinnerte. Die Informationen der Archäologie stimmen mit denen der Evangelien überein und beantworten zahlreiche Fragen, die die Gelehrten des letzten Jahrhunderts und auch viele Experten unserer Zeit beschäftigt hatten.

Von Titus zu Hadrian

Die Erläuterung der Hintergründe läßt uns auch die Situation besser verstehen, die unmittelbar nach dem Tode und der Auferstehung Christi herrschte, bis es zu zwei äußerst wichtigen Ereignissen kam: Zur Zerstörung Jerusalems durch Titus (70 n. Chr.) und zur erneuten Zerstörung mit anschließendem Wiederaufbau der Stadt (unter dem Namen *Aelia Capitolina*) durch Kaiser Hadrian (135 n. Chr.).

Es ist menschlich nicht vorstellbar, daß sowohl die Apostel als auch die ersten Juden, die in Jesus den in den Schriften angekündigten Messias erkannten, dessen zwei wichtigsten Erscheinungsorte vergaßen: Den Kalvarienberg und die Grabesstätte. Auch wenn diese Orte untrennbar miteinander verbunden sind, so haben sie doch unterschiedliche Charakteristiken: Während das Grab einem Privatmann gehört und als solches auch von ihm zu einem anderen Zweck benutzt werden kann, bleibt der Kalvarienberg ein öffentlicher Ort, eine Hinrichtungsstätte, ohne daß die Christen mit ihren Erinnerungen – zumindest in jener Zeit – seine Verwendung beeinflussen können. Während also das Grab besucht und zu einem Gegenstand der Verehrung werden kann, ist der Kalvarienberg eine offene Wunde und ruft bei den Gläubigen, abgesehen von dem üblichen Grauen, ein Gefühl der Entweihung hervor, was dazu führt, daß man ihm mit noch mehr Argwohn und Wachsamkeit gegenübersteht.

Wir verfügen über kein Dokument, das die Aufmerksamkeit, die diesen beiden Orten zuteil wurde, beweist; andererseits wissen wir, daß sich die ursprüngliche Kirche regelmäßig im Raum des Abendmahls *(Coenaculum)* versammelte, in dem Jesus sein letztes Passah-Mahl feierte. Doch zweifellos erklärt die andere Umgebung (hier handelt es sich um ein Wohnhaus) das unterschiedliche Verhalten, die Vorstellung vom letzten Abendmahl dagegen ist unweigerlich mit dem Kalvarienberg und der Grabesstätte verbunden. Wir können also durchaus sicher sein, daß die ersten christlichen Juden in Jerusalem diese zwei Orte nicht aus den Augen verloren und daß diese Tradition nicht einmal dann unterbrochen wurde, als Titus 70 n.Chr. die Stadt mit Feuer und Schwert verheerte. Wir wissen, daß die Christen damals, gewarnt von den Worten Jesu, der den Untergang Jerusalems vorhergesagt hatte, die Stadt vor der endgültigen Belagerung verließen und sich nach Pella jenseits des Jordan zurückzogen. Es stimmt auch nicht, daß das Grab und der Kalvarienberg unter der Zerstörung durch die Römer gelitten hätten: Im Gegenteil, wie es in einer Nachkriegszeit immer geschieht, stieg das Interesse am Kalvarienberg in beachtlichem Maße.

Die Rückkehr zum Alltag sollte jedoch auch die christliche Gemeinschaft zur Rückkehr bewegen, und die Bewahrheitung der Worte Jesu bezüglich des Schicksals Jerusalems sollte die Gläubigen noch enger mit den Stätten verbinden, die seinem Andenken heilig waren.

Wir wissen, daß in jener Zeit eine anhaltende Unruhe unter den Juden herrschte; sie konnten in den Augen der römischen Herrscher in zwei große Gruppen unterteilt werden: Die einen erwarteten den Messias und bildeten sich ein, ihn in immer anderen Personen zu erkennen, wobei ein Messias dem anderen folgte; die anderen behaupteten, er befände sich schon unter ihnen.

Es war unvermeidlich, daß sich die beiden Gruppen bekämpften, wenn auch nur mit Worten und Schriften; aber es war genauso unvermeidlich, daß daraus Zerrüttungen und Ausschweifungen entstanden, die dann in Volksaufständen endeten, was jeder Macht ein Dorn im Auge ist.

Das Christentum hatte sich inzwischen in der ganzen damals bekannten Welt verbreitet, und in Rom existierte eine äußerst einflußreiche Gemeinschaft, die zum größten Teil aus Juden bestand. Schon Tacitus berichtet, daß die Meinungsverschiedenheiten zwischen Christen und Juden von der römischen Macht als interne Angelegenheit, als Streit zwischen Juden, betrachtet, doch auf alle Fälle nur ungern gesehen wurden aufgrund der Unruhen, die sie mit sich brachten. Nur schwer können wir heute begreifen, daß die römischen Herrscher fast nicht anders konnten, als diesen Problemen eine globale und politische Bedeutung beizumessen, d.h. sie hielten sie für eine Diskussion darüber, wie und wann der Traum von einer weltlichen Herrschaft durch die Abschüttelung des ausländischen Jochs verwirklicht und (warum nicht?) die Herrschaft des Messias auf alle Völker ausgedehnt werden könnte.

Das spannungsgeladene Klima, das sich nicht nur in Palästina, sondern auch in verschiedenen Teilen des Reiches entwickelte, mußte Kaiser Hadrian davon überzeugen, daß es nicht nur notwendig war, den Aufstand, der unter den zahlreichen Aufständen ein bedrohliches Ausmaß anzunehmen schien (und zwar den Bar-Kochba-Aufstand) niederzuschlagen, sondern daß nunmehr auch der jüdischen Frage ein Ende bereitet werden mußte. Aus diesem Grund wurde der Palästina-Feldzug auf so grausame Weise durchgeführt, daß (vom menschlichen Gesichtspunkt aus betrachtet) selbst der kleinste Hoffnungsschimmer der Juden zerschlagen wurde. Jerusalem ist nicht nur zerstört, sondern auch wieder neu aufgebaut worden, um jegliche Erinnerung auszulöschen. Die frühere Planimetrie ließ man bewußt außer acht; das neue Jerusalem wurde als heidnische, römische Stadt angelegt, die zwei große, sich kreuzende Straßen, der *cardo decumanus* und der *cardo maximus*, unterteilten. Es war jedoch ein Kapitol erforderlich, in dem die Statuen der Schutzgötter aufgestellt werden sollten: Da die eine jüdische Partei bereits von Titus durch die Zerstörung des Tempels (den man nicht wiederaufgebaut hatte) bestraft worden war, wollte Hadrian die andere Partei dadurch bestrafen, daß er ihre Kultorte beseitigte. Weil es sich jedoch um eine Grabes- und eine Hinrichtungsstätte handelte, gedachte er, auf diesen Symbolen des Todes den Gottheiten einen Tempel zu errichten, die das Römische Reich ins Leben gerufen hatten: Jupiter, Juno und Minerva. So entstand das Kapitol von Jerusalem (damals Aelia Capitolina genannt) genau auf den Orten, die von den christlichen Juden verehrt wurden.

In der letzten Zeit erfolgte Ausgrabungen haben die gewaltigen Reste der Bauten Hadrians ans Tageslicht gebracht: Der Kalvarienberg und seine Umgebung wurden von Strebemauern umgeben; in den Innenbereich schüttete man Hunderte von Tonnen Erde, so daß der ehemalige Steinbruch aufgefüllt und von einem Erdwall bedeckt war, unter dem der Kalvarienberg und das Grab für immer begraben gewesen wären. Nach Beendigung der Arbeiten war die Stätte nicht wiederzuerkennen: Wo sich einst der »Schädel«, der Garten und die Grabstätten (darunter auch das Grab Jesu) befunden hatten, erhob sich nun das Kapitol von Aelia Capitolina, das die heilige Cella beherbergte, mit allen anschließenden Gebäuden und den Einrichtungen für den heidnischen Kult. Treppen und eine gepflasterte Straße stellten die Verbindung zum *cardo maximus*, der in nordsüdlicher Richtung verlaufenden Straße, her. Vergessen wir nicht, daß Hadrian auch am Geburtsort Jesu, in Bethlehem, einen der Venus und dem Adonis geweihten Tempel errichtete, um auch dieses christliche Andenken auszulöschen.

Aber was als *damnatio memoriae* (Auslöschung der Erinnerung) gedacht war, wurde zu einem unwiderrufbaren Zeichen, das allen offenbarte, wo sich die heiligsten Gedenkstätten der Christen befanden: Nun war es in der Tat nicht mehr möglich, diese Orte mit anderen zu verwechseln, denn die Gegenwart der heidnischen Gottheiten kennzeichnete die genaue Lage. Als Konstantin ungefähr zwei Jahrhunderte später die Gedenkstätten der Passion Christi identifizieren wollte, um sie zu einem Gegenstand der Verehrung zu machen, brauchte er nur abzuwägen, wie er die mächtigen Mauern, die Hadrian zum Bau des Kapitols errichtet hatte, am besten nutzen könnte.

Das Werk Konstantins

Es war nicht schwierig, in den städtischen Archiven die Zeichnungen, Grundrisse und Querschnitte zu finden, die die Baumeister Hadrians für den Bau eines solch eindrucksvollen Komplexes angefertigt hatten; sie dienten als Grundlage für die Errichtung der konstantinischen Monumente: Kaiserliche Baumeister waren Zenobios und Eustathios aus Konstantinopel; sie beabsichtigten, die gewaltigen hadrianischen Fundamente zu nutzen.

Nun muß man bedenken, daß Hadrian den Kultort zwar unter einem Erdwall begraben ließ, daß das Grab jedoch in den Fels gehauen und somit nicht zerstört worden war. Es wurde durch die aufgeschüttete Erde verschlossen und blieb somit unversehrt, verborgen unter der Nordseite des Kapitols. Folglich lief der hadrianische Bau im Osten auf den *cardo maximus* zu, und zwar auf einer gegenüber dem Grab nach Süden hin verschobenen Linie. Als die Baumeister Konstantins beschlossen, die Fundamente Hadrians zu nutzen, mußten sie deshalb die Gebäude gezwungenermaßen nach Osten ausrichten, gemäß einer südlich des Grabes verlaufenden Ost-West-Achse. Und da das Grab den Mittelpunkt eines zu seiner Verherrlichung gedachten Gebäudes bilden sollte, konnte dieses Gebäude unmöglich auf der Achse liegen, die zum *cardo maximus* führte.

Gemäß dem westlichen Muster wurde das Grab »isoliert«, und es entstand ein in seiner Art einzigartiger Bau. Man sagt, daß er die Form der Mausoleen römischer Herrscher wiedergebe: Doch das ist nicht ganz richtig. Es stimmt, daß das Grab Christi als Zentrum gedacht war, um das sich das Gebäude strahlenförmig entwickelte, doch dieses Konzept wurde auf wahrhaft geniale Weise gelöst. Zuerst einmal trug man den Hügel ab, so daß das Grab schließlich nur noch von einem alleinstehenden Felswürfel umgeben war. Gewaltige Stufen wurden rings um das Grab in den Fels gehauen, sie führten nach Osten (hinab ins Kidron-Tal).

So gab es in dem zur Verfügung stehenden Bereich schließlich zwei verschiedene Zentren: Der Grabblock, der ein eigenständiges Element wurde und von einem speziellen Gebäude umgeben werden konnte, und die hadrianischen Mauern, die weiter im Süden den Kalvarienberg flankierten und sich bis zum *cardo maximus* hin erstreckten. Beim zweiten Bezirk war die Sache einfach: Eine lange, fünfschiffige Basilika, an die im Osten ein über wenige Stufen mit dem *cardo maximus* verbundenes Atrium angrenzte, war die naheliegendste Lösung; zwei Korridore führten vom Atrium aus am nördlichen und südlichen Schiff vorbei und ermöglichten es, vom Atrium zum Grabbereich zu gelangen, ohne die Basilika passieren zu müssen. Der Kalvarienberg lag unter freiem Himmel, im Südwesten der Basilika: Um ihn vor Unwettern zu schützen, soll eine von vier kleinen Säulen getragene Abdeckung ausgereicht haben. Rings um den Kalvarienberg und hinter der Basilika, d.h. hinter der westlichen Apsis, war ein Garten angelegt, der an die Atmosphäre im 1. Jahrhundert erinnerte.

Die Anastasis

Doch aus welchem Grund traf der Kaiser die schwerwiegende Entscheidung, das Grab aus dem Berg herauszutrennen und somit die Topographie der Orte für immer zu verändern? Er wollte einen neuen Gedanken ausdrücken, der vor ihm in keinem Gebäude und Kunstwerk zum Ausdruck kam: Zum erstenmal in der Geschichte der Menschheit gilt das Grab nicht als Eingang zur dunklen, unterirdischen Welt der Toten, als Ort der Finsternis und der Trostlosigkeit, sondern als Eingang zu einer neuen Welt, von der ein Licht ausgeht, das die ganze Welt erleuchten soll und den Menschen neue Gewißheiten vermitteln kann. Das Gebäude mußte daher diese Vorstellung plastisch wiedergeben, es mußte eine andere Auffassung von einer Grabstätte ausdrücken.

Wenn wir das Werk der konstantinischen Baumeister aufmerksam studieren, bemerken wir, daß sie dem Gebäude die Form einer Laterne geben wollten. Es sollte jedoch keine geschlossene Laterne sein, sondern sie sollte das von der Lichtquelle im Mittelpunkt erzeugte Lichtbündel nach außen ausstrahlen. Zum erstenmal wird somit eine reflektierende Parabel verwendet, so konzipiert, daß sie das Licht bündelt und verbreitet. Denn, wenn wir uns das vom Berg herausgetrennte Grab als Zentrum vorstellen, dann können wir um das Grab herum eine Parabel, ein Halbrund, einen Halbkreis erkennen, der auf der offenen Seite durch eine Fassade begrenzt wird. In dem so erhaltenen Bezirk liegt in einem Säulenring das Grab. Die Säulen tragen einen Tambour, der wiederum von einer Kuppel überragt wird. Wir haben es mit dem Schema eines richtigen Scheinwerfers zu tun: Eine Parabel, die von einem zum Durchmesser parallelen Glas abgeschlossen wird, die Lichtquelle und die kleine Kuppel für den Rauchabzug (woran man in jener Zeit denken mußte). Der Komplex stellte ein Meisterwerk dar: Ein genau festgelegter Punkt des Komplexes wurde hervorgehoben, seine Lage war schon von weitem zu erkennen (die Kuppel überragte die anderen Gebäude). Auf ganz einfache Weise konnte man zu ihm gelangen, und zwar durch sieben große Portale, die in der Fassade angebracht waren. Die Tatsache, daß das Gebäude durch einen Garten sowohl vom Berg als auch von den restlichen Bauten getrennt war, machte es zu einem eigenständigen Gebilde mit einer eigenen Bedeutung und einer eigenen Sprache, die von keinem anderen Gebäude dieser Art gesprochen wurde. Daß die Verbreitung des Lichtes der konstantinischen Vorstellung zugrunde lag, beweist die Tatsache, daß in einem so kleinen und kompakten Gebäude auf allen drei Höhenstufen fünfzehn große Fenster angebracht waren, nicht zu vergessen das Licht, das durch die Portale der Fassade eindrang: Und dies im Morgenland, wo man sonst die Zahl der Öffnungen in einem Gebäude möglichst gering hält, da sonst zuviel Licht in die Räume fallen würde.

Die 1961 durchgeführten Ausgrabungen haben ergeben, daß die Baumeister Konstantins nicht nur den Berg abgetragen haben, um das Halbrund der Anastasis (so wird der Grabbau genannt) zu isolieren, sondern daß sie auch den Fels bis zu einer beachtlichen Tiefe ausgehöhlt und so die Fundamente für das gesamte Gebäude gezogen haben. Es wurde also keine der hadrianischen Mauern, sondern das natürliche Gelände genutzt. Im Osten der Anastasis dagegen kann man noch heute Zeichen vom Gesteinsabbau im ehemaligen Steinbruch erkennen; die Bodenunebenheiten in diesem Bereich mußten hier und da durch Mauern ausgeglichen werden, deren Inneres aufgefüllt wurde und als Basis für die Fundamente der neuen Bauten diente.

Man darf nicht vergessen, daß ein solch eindrucksvoller Gebäudekomplex eine angemessene Zahl von Priestern und Bediensteten erforderte, die für den Kult zuständig waren. Dies berücksichtigten die konstantinischen Baumeister, indem sie den Berg im Norden und Westen weiter als notwendig abtrugen. In diesem Bereich entstanden die Gebäude für das sogenannte Patriarchat, die mit Wohnräumen, aber auch mit bestimmten Vorrichtungen, wie z.B. einer Presse, einem Kelter, einer Mühle und einem Ofen, versehen wurden, so daß die Mönche völlig unabhängig waren und ungestört ihr besonderes Leben führen konnten. Das Baumaterial wurde teils aus dem Steinbruch durch Abtragung des Berges gewonnen, teils verwendete man lokale Gesteins- und Marmorarten; besonders prächtig waren die Fassade und das dem *cardo maximus* gegenüberliegende Atrium gestaltet, damit die Basilika sofort von den anderen heidnischen Bauten unterschieden werden konnte.

Eines möchte ich noch betonen: Die in diesem Buch enthaltenen Angaben in bezug auf Anordnung, Grundriß und Baumaterial der konstantinischen Bauten waren bis vor wenigen Jahren noch nicht bekannt. Die Rekonstruktion, die berühmte Architekten und Archäologen bisher versucht hatten, muß heute als vollkommen falsch betrachtet werden. Die in letzter Zeit erfolgten minuziösen Ausgrabungen ermöglichen es, fast jeden Meter unter dem heutigen Fußboden des Heiliggrab-Komplexes zu überprüfen, und was dem Auge des Archäologen verborgen blieb, konnte mit Hilfe von streng wissenschaftlich durchgeführten Überlegungen und Folgerungen ermittelt werden. Die Arbeiten unter Konstantin begannen 326 und wurden 335 fertiggestellt.

Nach Konstantin

In den folgenden Jahren wurde das heilige Gebäude nicht grundlegend verändert: Das Patriarchat hingegen wurde wohnlicher und stabiler gestaltet, das Balkendach wich einem Gewölbe: Ein Beweis dafür sind die Ostmauern, die verstärkt werden mußten, um dem Druck der Bogen standzuhalten.

Das 7. Jahrhundert jedoch kennzeichnete den Beginn eines wirklichen »Kreuzweges« für den gesamten Komplex. Im Jahre 614 breiteten sich die Barbarenhorden der persischen Sassaniden unter Chosroe über Palästina aus und verwandelten es in einen Trümmerhaufen. Systematisch wurde jedes christliche Gebäude auf ihrem Weg vernichtet. Nur die konstantinische Basilika in Bethlehem verschonten sie, weil auf den Mauern der Fassade die Heiligen Drei Könige in persischem Gewand dargestellt waren: Alle anderen Kirchen, einschließlich der Grabeskirche und der Anastasis, wurden zerstört. In der gesamten östlichen Welt erregte diese Verwüstung ein großes Aufsehen, und die Rekonstruktionsangebote überhäuften sich geradezu. Letztendlich übernahm der Abt Modestus diese Aufgabe, und mit viel Liebe gelang es ihm, den Gebäuden, wenn schon nicht den alten Glanz, so doch zumindest ihre Zweckmäßigkeit wiederzugeben. Die wenigen Spuren, die von dieser Restaurierungsarbeit (zeitlich gesehen die erste) verblieben sind, zeugen von einer Zeit der großen wirtschaftlichen Engpässe. Gleichzeitig beweisen sie jedoch, daß die Christen trotz der so weitreichenden Zerstörung auch nicht vor großen Opfern zurückschreckten, um das Heilige Grab wieder in angemessener Weise verherrlicht zu sehen.

Die Geschichte des Heiligen Grabes hätte weiterhin durch die eintönigen Instandhaltungsarbeiten bestimmt sein können, wenn es 1009 nicht erneut Gegenstand eines ebenso unbegründeten wie zerstörerischen Hasses geworden wäre. Der Kalif Hakim (vergessen wir nicht, daß 634 die moslemischen Araber das gesamte Morgenland besetzt hatten und im Westen bis nach Spanien und Frankreich vorgedrungen waren) wollte, daß die Grabeskirche systematisch, Stein für Stein, abgerissen würde, so daß die Christen an keinen Wiederaufbau mehr denken konnten. Erst schwierige Techniken bremsten seine Raserei: Er beendete den Abriß, als die aus dem Gefüge herausgelösten und von oben heruntergeworfenen Steine einen so hohen Berg bildeten, daß es, um mit dem Abriß fortfahren zu können, notwendig gewesen wäre, sie zu entfernen und an einen anderen Ort zu transportieren.

Angesichts einer so grausamen Verfolgung der Christen sollten wir über die Bewegung nachdenken, die in der westlichen Welt immer größere Ausmaße annahm und deren Befürworter sich vornahmen, der unerträglichen Situation, in der sich das bedeutendste Monument des Christentums befand, ein Ende zu bereiten: Gemeint sind die Kreuzzüge. Der Mut, ja die Tollkühnheit, mit der damals der Plan, Palästina militärisch zu besetzen, angegangen und verwirklicht wurde, ist nur erklärbar, wenn man als Ziel die »Befreiung« des Heiligen Grabes zugrunde legt. Nur derselbe Glaube, der die prächtigen romanischen und gotischen Kathedralen ins Leben rief, ist eine angemessene Erklärung für diese Bewegung: Die anderen gewöhnlich angeführten Beweggründe ergeben sich entweder aus diesem Glauben oder sind mit ihm verbundene, zweitrangige Aspekte.

Und während sich im Abendland die christlichen Fürsten trotz unglaublicher Schwierigkeiten organisierten, vereinigten sich die Christen im Morgenland noch einmal, um eine fast unmenschliche Anstrengung zu unternehmen, und bauten den monumentalen Komplex des Heiligen Grabes wieder auf.

Neuer Wiederaufbau

Die wirtschaftlichen Bedingungen waren jedoch ganz andere als vier oder fünf Jahrhunderte zuvor, und Kaiser Konstantin Monomachus, der sich mutig auf dieses Unternehmen eingelassen hatte, mußte eine schmerzhafte Entscheidung treffen: Entweder den ganzen Komplex in aller Bescheidenheit wiederaufzubauen, mit mittelmäßigen Bauten, die jedoch im Bereich des Möglichen lagen und mit den dürftigen verfügbaren Mitteln zu vereinbaren waren, oder sich auf den Wiederaufbau der Anastasis zu konzentrieren und sich, was den Rest anbelangt, darauf zu beschränken, was die verbleibenden Mittel erlaubten. Er entschied sich für die zweite Lösung, und die Arbeiten wurden mit großer Sorgfalt und Umsicht durchgeführt.

Aber die Mentalität hatte sich seit Konstantin dem Großen verändert, und der Stil, wie solche Gebäude konzipiert wurden, hatte sich unter dem Druck der Unsicherheit und der Verfolgung entwickelt, die in den nunmehr fünf Jahren der moslemischen Herrschaft auf den Christen lastet. Anstatt ein prächtiges, aus allen anderen hervorstechendes Gebäude zu errichten, zog man es vor, es in neue Strukturen »einzuhüllen«, so daß es nicht mehr als Herausforderung emporragte, sondern vielmehr der Vorstellung eines festen, kompakten Baues entsprach, der den Ungerechtigkeiten der Menschen und den Naturgewalten standhalten konnte. Gemäß diesem Konzept wurde das Innere der Anastasis mehr oder weniger entsprechend dem konstantinischen Muster gestaltet, doch außen errichtete man eine Galerie, die gewissermaßen einen Schutz darstellte, aber auch die vertikale Eleganz minderte. Auch die Bauweise stimmte nicht mehr mit der konstantinischen überein: Das hölzerne Dach wich einem Stein- oder Ziegelgewölbe. Aber wenn diese Bauweise den Jahrhunderten trotzen sollte, waren dickere Mauern erforderlich, Gegenkräfte, die das enorme Gewicht der Gewölbe ausgleichen konnten. Wir wissen, daß die Anastasis von einem Garten umgeben war, an den sich im Norden und im Süden die Gebäude des Patriarchats anschlossen. Die bei Wiederaufbau des konstantinischen Komplexes angewendete, neue Bauweise erforderte Stützpunkte, und so schuf man zwischen dem Halbrund der Anastasis und dem Patriarchat eine Reihe von Gebäuden, die den Druck der Gewölbe verringern sollten. Für den Bau der Gewölbe umgab man damals den konstantinischen Kern mit direkt nebeneinanderliegenden, kompakten Gebäuden. Natürlich dienten die neuen Räume sowohl dem Kult an sich (wie die Kapelle der hl. Maria im Norden) als auch den Diensten, die mit ihm und auch mit den Pilgern in Zusammenhang standen. Vergessen wir nicht, daß im Laufe der Jahrhunderte die Zahl der Besucher, Büßer oder nicht, der heiligen Stätten trotz der erheblichen Schwierigkeiten ständig gewachsen war und daß somit auch mehr Unterkünfte und Hospize erforderlich waren. Aber während im Norden und Westen miteinander verbundene Gebäude existierten, die dem Druck der neugeschaffenen Gewölbe standhielten, war im Süden das Halbrund der Anastasis vollkommen isoliert. Dieses Problem wurde durch den Bau folgender drei Gebäude bzw. Kapellen – von den konstantinischen Mauern ausgehend – gelöst: Die Kapelle der vierzig Märtyrer, die Johannes-Kapelle und die Jakobus-Kapelle, die südlichste von den drei. Im Westen wurden diese neuen Bauten durch ein langes, eher schmales Gebäude mit anderen Bauten verbunden, die sich auf der südwestlichen Seite des konstantinischen Halbrunds befanden.

Eine (unserer Meinung nach) noch wichtigere Folgeerscheinung veränderte für immer das Innere der Rotunde: Fast alle Fenster wurden zugemauert; es sei denn, sie lagen in geschlossenen Räumen, die nur ein indirektes Licht verbreiten konnten. Auch die gewaltigen konstantinischen Portale wurden geschlossen oder verändert; auf diese Weise war der Bau geschaffen, um Licht auszustrahlen, in einen Halbschatten getaucht: Die Laterne war für immer erloschen. Wir dürfen dafür jedoch nicht die Restauratoren verantwortlich machen: Sie mußten mit solch großen und zahlreichen Schwierigkeiten fertig werden, daß sie auch heute noch unsere Bewunderung verdienen. Die Reste des konstantinischen Komplexes, die von der Zerstörung verschont geblieben waren, blieben größtenteils erhalten.

Manchmal wurden sie jedoch notwendigerweise in neue Strukturen eingefügt, die die veränderten Bedingungen erzwangen. Daß in den Wiederaufbau der Anastasis fast alle verfügbaren Mittel flossen, beweist der nicht wiederaufgebaute restliche Teil des antiken konstantinischen Komplexes. Die gewaltige Zerstörung, der die fünfschiffige Basilika, die zwei seitlichen Korridore, der Kreuzgang und das äußere Atrium zum Opfer gefallen waren, überstieg die finanziellen Möglichkeiten des Kaisers; er mußte sich notwendigerweise auf wenige andere Gebäude konzentrieren. Im Laufe der Jahrhunderte hatten sich auf den Ruinen richtige Plätze herausgebildet, spezielle Orte, die dem Andenken an besondere Episoden der Leidensgeschichte Christi geweiht waren; Orte, mit denen nicht nur Frömmigkeitsbekundungen und Kultzeremonien in Zusammenhang standen, sondern auch die Ablässe, die die Hohenpriester nach und nach gewährt hatten und auf die niemand verzichten wollte. Die Knappheit der Mittel und die Andacht des Volkes konnten einmal in Einklang gebracht werden, und so entstanden an diesen Orten anstelle der prächtigen Schiffe einer neuen Basilika kleine Ädikula, äußerst bescheidene Gebäude, die im Osten die Rekonstruktion von Konstantin Monomachus begrenzten. Dieser Umstand stellt später ein Hindernis dar, das nicht einmal die Kreuzfahrer beseitigen wollen, obwohl sie beabsichtigen, dem Komplex eine ähnliche Monumentalität zu verleihen wie zu Zeiten Konstantins des Großen. Natürlich wurde auch der Kalvarienberg an sich nicht vernachlässigt: Im Gegenteil, die ihn umgebenden Bauten vergrößerten seine Oberfläche, und somit konnten auf ihm die heiligen Aufgaben erfüllt werden, und die Pilger hatten mehr Möglichkeiten, um für ihre Gebete zu verweilen.

Etwas mehr als fünfzig Jahre vor der Ankunft der ersten Kreuzzügler in Jerusalem hatte das Heilige Grab folgendes Aussehen: Die gewaltige Anastasis bzw. Rotunde war in konstantinischem Stil restauriert; an sie schlossen sich neue, mit einem Gewölbe versehene Bauten an, die sie teilweise umhüllten und direkt mit den Gebäuden des Patriarchats verbanden, das ebenfalls durch neue Bezirke bereichert war; der Garten im Norden und Westen war den neuen Bauten gewichen und somit verschwunden; der Garten vor der Anastasis existierte noch und erstreckte sich nach Osten, wo er von den Kapellen zum Gedenken bestimmter Episoden der Passion begrenzt wurde; der Kalvarienberg war von Bauten umgeben, die ihn ein wenig erhöhten und vor Unwettern schützten; im Süden befanden sich die Kapelle der vierzig Märtyrer, die Johannes-Kapelle, die Jakobus-Kapelle und nach Westen hin andere nicht genau identifizierte Bauten.

Die Kreuzzüge

Die Kreuzfahrerarchitekten verfolgten eine wesentliche Vorstellung: Es sollte jegliche Streuung und Zerstückelung der Gebäude vermieden werden; sie sollten so fest miteinander verbunden sein, daß sie einen einzigen Block, eine uneinnehmbare Festung darstellten, die jedem Angriff, sei er auch noch so unvermutet, standhalten konnte: Das Gebäude sollte also leicht zu verteidigen und sicher vor Überfällen sein.

Sie mußten feststellen, daß sie es mit einer kleinen, von unüberschreitbaren Grenzen abgeschlossenen Fläche zu tun hatten: Im Osten die kleinen Andachtsgebäude zum Gedenken der Passion Christi; im Westen die Anastasis; im Norden der Säulengang des antiken Kreuzganges, »Bogengang der Jungfrau« genannt; im Süden der Kalvarienberg: Den einzigen bebaubaren Bereich stellte der Garten dar, der verschiedene Gebäude voneinander trennte. Und in diesen Bereich fügten die Kreuzfahrer mit außergewöhnlicher Geschicklichkeit ihren Bau ein, das Ergebnis kann noch heute als Meisterwerk betrachtet werden.

In erster Linie sollte das Gebäude die Form eines lateinischen Kreuzes haben: Ein für diese

Zeiten fundamentales Prinzip. So entstand der Chor der Chorherren des Heiligen Grabes, der später *Martyrion* genannt wurde. Seine Apsis befand sich im Osten, und ein Umgang trennte ihn von den kleinen Andachtsbauten; er erstreckte sich in westlicher Richtung bis zur Fassade der Anastasis, mit der er über einen Triumphbogen verbunden war. Für dieses Werk mußten jedoch die Bauten des Monomachus entfernt werden. Im Süden schloß sich der Kalvarienberg an, von dem ihn nur ein Korridor trennte, und im Norden war er durch einen analogen Korridor mit dem »Bogengang der Jungfrau« verbunden. Die beiden Querschiffe bzw. kurzen Kreuzesarme fielen noch kläglicher aus: Das nördliche endet sofort am »Bogengang der Jungfrau« und an der Kapelle der hl. Maria; das südliche ist ein wenig prächtiger gestaltet mit zwei großen Eingangsportalen (von denen das rechte heute geschlossen ist). Beide Querschiffe sind direkt mit der Anastasis verbunden über zwei große Bogen, die sich an der Stelle der antiken konstantinischen Portale befinden. Der Kalvarienberg erhielt durch den Bau eines Deckengewölbes und durch die Verstärkung der von Monomachus errichteten Mauern eine endgültige Gestaltung. Nach Beendigung der Arbeiten der Kreuzfahrer zeigte der Heiliggrabkomplex das Gesicht, das er auch heute hat.

Der lange Kreuzesarm ragt mit einer solch reinen Linienführung und einer solch kühnen Anordnung von kleinen Bogen, zweibogigen Fenstern, Gewölben und Gewölbchen empor, daß die berühmtesten Kathedralen Europas vor Neid erblassen würden. Er sticht aus den anderen Bauten (die auch heute noch einen einfachen, einheitlichen Aufbau haben) heraus und vermittelt den Eindruck, als ob sich plötzlich der Himmel zu einem weiten Spalt öffne.

Von den Kreuzzügen bis ins 20. Jahrhundert

Doch dieser auf der Welt einzigartige Komplex erlitt noch weitere Schicksalsfälle. 1808 zerstörte ein schrecklicher Brand (nach Meinung einiger Experten durch Brandstiftung verursacht) die Rotunde fast vollständig: Noch heute sind Spuren dieser Verwüstung an den durch die Hitze kalzinierten Säulen der oberen Galerien zu sehen. Angesichts einer Katastrophe solcher Ausmaße baten die Franziskanermönche (die die lateinische Kirche vertraten) die Fürsten und Völker des Abendlandes um Hilfe beim Wiederaufbau, doch vergeblich: Europa war geblendet vom aufgehenden Stern Napoleons und interessierte sich nicht für ihr Problem. Von dieser Situation profitierten die griechischen Mönche, in jener Zeit erbitterte Feinde der lateinischen: Sie bearbeiteten mit soviel Nachdruck den damaligen Sultan, daß sie die Erlaubnis erhielten, die beschädigten Gebäude allein, als Alleinentscheidende, wiederaufzubauen.

Nie zuvor war eine Restaurierung so fanatisch und unwissenschaftlich durchgeführt worden. Ohne Übertreibung kann man behaupten, daß es sich nicht um einen Wiederaufbau, sondern vielmehr um eine Zerstörung handelte, denn als Hauptziel galt es, vom Kreuzfahrerbau jegliche Spur von Latinität und alles, was auch nur entfernt daran erinnerte, zu entfernen. So verschwand die schöne Ädikula, die die Kreuzfahrer auf dem Felsblock des Grabes Jesu errichtet hatten und die Bonifatius aus Ragusa ungefähr ein Jahrhundert zuvor erneuert hatte; die wertvollen Sarkophage Gottfrieds von Bouillon und dessen Nachfolger auf dem Throne Jerusalems wurden entfernt; jede lateinische Inschrift und Ausschmückung wurde zerstört; sogar die kleinen lateinischen Kreuze, die die Kreuzfahrersoldaten und unzählige Gläubige als Erinnerung an ihre Pilgerfahrt in die Steinwände eingeritzt hatten, verbarg man sorgfältig unter einer Schicht aus Kalk und Putz. Die antike Schönheit des heiligen Gebäudes wurde durch diese Restaurierung weit mehr beeinträchtigt als durch den schrecklichen Brand.

Daß die Restaurierungsarbeiten mehr mit Groll als mit Können durchgeführt wurden, beweist die Tatsache, daß nicht einmal fünfzig Jahre später die Kuppel der Rotunde (rekonstruiert von Komnenos aus Mytilene) bereits einzustürzen drohte. Dieses Mal erfolgte der Neuaufbau auf Kosten Frankreichs, Rußlands und der Türkei, und die Kuppel blieb bis 1927 unversehrt, als ein Erdbeben die Statik des gesamten Gebäudes stark in Mitleidenschaft zog. Die verschiedenen damals vorgelegten Restaurierungsprojekte wurden nicht angenommen, da eine Einigung zwischen den zelebrierenden Gemeinschaften nicht möglich war. Deshalb sorgte die damals beauftragte Macht England dafür, daß das Gebäude durch mächtige provisorische Strukturen abgestützt und verstärkt wurde. 1961 schließlich kam es zu einer Einigung zwischen den verschiedenen Gemeinschaften, und die Festigungs- und Restaurierungsarbeiten wurden vorgenommen. Sie sind mit so meisterhafter Technik und Können durchgeführt worden, daß das Gebäude nicht nur die nötige Festigkeit erhielt um den Stürmen der Zeit trotzen zu können, sondern daß es auch möglich war, den gesamten Komplex an Überlieferungen, Informationen und Kenntnissen in die Tat umzusetzen, die bis dahin keine feste Grundlage zu haben schienen. Viele Zweifel wurden zerstreut, die Ungewißheit wich in vielen Fällen der Gewißheit, zahlreiche wertvolle Kenntnisse erlangten eine neue Bedeutung, so daß wir heute die fast zweitausend Jahre alte Geschichte dieses Monuments verfolgen und die Geschehnisse aus den Zeugnissen herauslesen können, die jedes Ereignis an diesem Ort zurückgelassen hat, auch wenn es manchmal nur ein Überrest, eine feine, einem Hauch gleichende Spur ist.

Der Felsendom

Von welcher Seite man ihn auch betrachtet, vom Ölberg im Osten, vom Gareb im Westen, vom Gehenna-Tal im Süden oder von den Mauern Suleymans des Prächtigen im Norden, der in der Sonne glänzende Felsendom, auch Omar-Moschee genannt, erscheint immer auf prächtige Weise isoliert, erreichbar für jeden bewundernden Blick und doch auf seltsame Weise kompakt in seinem Aussehen, ja er gleicht den antiken Tresoren, deren reiche äußere Verzierung bereits die unzähligen, in seinem Innern verborgenen Schätze vermuten läßt.

Jerusalem, die von Mauern umgebene und deshalb »die alte« genannte Stadt, ist unvorstellbar ohne das perfekte Profil dieser vergoldeten Kuppel, die einem überall hin folgt und im Herzen eines jeden in einem Augenblick eine größere und tiefgehendere Ehrfurcht hervorruft, als es geschichtliche Ausgrabungs- und Erinnerungsstücke in mehreren Stunden vermögen. Und wenn man sich dann fragt, nachdem man diesen Bau von der Nähe und aus einiger Entfernung betrachtet und studiert hat, worin dieser mysteriöse Zauber wohl begründet sei, der die Blicke ständig in seine Richtung lenkt und einen nie an ihm sattsehen läßt, wird man feststellen, daß er gerade in der Lage, d.h. in der Isolation dieses Bauwerks liegt. Sehr wenige in sich vollständige und funktionale Gebäude wurden so isoliert konzipiert wie der Felsendom. Denn ein Architekt geht ein beachtliches Risiko ein, wenn er einen von allen Seiten sichtbaren Bau schafft. Kein Teil des Gebäudes entgeht dem Betrachter, verborgen im sanften Schatten, den gewöhnlich umliegende Bauten verbreiten; es gibt keine durch die Nähe anderer Strukturen entstehenden verkürzten Ansichten, durch die vielleicht ästhetisch schwächere Seiten bereichert oder kostbare Details betont werden, die sonst nicht sichtbar wären. Wer sein Werk inmitten einer weiten Fläche errichtet, so daß nichts, von keiner Seite aus, den forschenden, strengen Blick des Betrachters ablenkt, muß die Massen, die vollen und hohlen Elemente, die schnellen und langsamen Rhythmen der architektonischen Linien und selbst die Farben der

Baumaterialien so ausgeglichen verteilen, daß es keinen Ansatzpunkt für Kritik gibt. Im Gegenteil, von welcher Seite und unter welchem Gesichtspunkt man den Bau auch betrachten mag, man sollte den Eindruck haben, daß vor einem der Glanz- und Höhepunkt des ganzen Gebäudes läge.

Der große Freiplatz, auf dem sich der Felsendom erhebt, ist der sichtbare Überrest des Herodes-Tempels. Dieser Tempel stellte eine von hellenistischen Baumeistern entworfene Erweiterung des 520 v. Chr. entstandenen Tempels dar, den die aus dem Exil in Babylon zurückkehrenden Juden als Ersatz für den Salomo-Tempel errichteten, der 587 v. Chr. von Nebukadnezar zerstört worden war.

Der Aufstand der Juden gegen die Römer hatte 70 n. Chr. zur Zerstörung der einzigen Kult- und Opferstätte geführt, die nie mehr wieder aufgebaut werden sollte. Auch der unglückliche Versuch von Julian Apostata (361–362 n. Chr.) war voll und ganz gescheitert, und seitdem stellte dieser Platz, obwohl er traditionsgemäß dem Andenken an die Opferung Isaaks durch Abraham geweiht war, eine Stätte des Grauens und des Schreckens dar und wurde als vom göttlichen Fluch getroffener Ort angesehen. Das Verhalten des Volkes führte dazu, daß aus der weiten Fläche eine riesige Müllhalde wurde, was sich erst mit der Ankunft der moslemischen Araber im Jahre 638 n. Chr. änderte. Zu Ehren der hebräischen Elemente in der Religion Mohammeds bringt die moslemische Tradition eine der letzten Erscheinungen des Propheten auf Erden mit Jerusalem in Verbindung, genauer gesagt mit dem höchsten Punkt dieses Freiplatzes, von dem aus Mohammed seine Himmelsreise angetreten haben soll. Durch eine so bedeutende Episode geweiht, wurde dem Platz wieder mehr Aufmerksamkeit und Pflege zuteil, und 687, d. h. etwas mehr als fünfzig Jahre nach der Eroberung Jerusalems durch die Araber, beschloß der Kalif Abd al-Malik aus der Dynastie der Omajjaden, an diesem Ort den Bau zu errichten, der eines der bedeutendsten und schönsten Monumente der islamischen Welt werden sollte.

Entworfen wurde der Felsendom von christlichen Architekten aus Byzanz, Erben einer jahrhundertelangen Bautradition. Sie hatten den Mut, in diesem Gebäude das Fortschrittlichste und zugleich Bewährteste, das es in jener Zeit gab, zu konzentrieren. Wie schon erwähnt, wollten sie die gesamte riesige Fläche des »Berges« Moriah, die sowohl von Salomo als auch von Herodes dem Großen entlang der Felswände durch Strebemauern vergrößert worden war, zur Verfügung haben, damit der Fels, von dem Mohammed in den Himmel aufgefahren war, das Zentrum bildete. In einem Umkreis von Hunderten von Metern sollte nichts die Sicht versperren. In der Mitte des Platzes wurde außerdem ein Erdwall aufgeschüttet, der ungefähr drei Meter gegenüber der Umgebung erhöht war und die Basis des Gebäudes darstellte: Vier Freitreppen auf den vier Seiten des erhöhten Polygons ermöglichen einen freien Zugang.

Und hier ein erstes geniales Element: Es war unvorstellbar, die gesamte erhöhte Fläche mit einem Gewölbe zu überdecken; andererseits sollte der Eindruck entstehen, daß damit ein Bau gekrönt werde, der nur über Stufen zu erreichen war. Das Problem wurde auf einfache Weise gelöst: Auf die letzte Stufe jeder Freitreppe stellten die Architekten ein elegantes Frontispiz aus antiken Säulenarkaden; diese erhabenen, völlig frei stehenden Arkaden, die auf allen Seiten der Plattform emporragen, scheinen den strahlendblauen Himmel zu tragen und ihn in der Gestalt einer riesigen, wolkenlosen und unantastbaren Kuppel abzugrenzen. Und dieser Eindruck ist so offensichtlich, daß das Volk ihnen den Namen *mawazin*, Waage, gab, denn sie werden am Jüngsten Tag eine wichtige Rolle spielen und Gott wird an ihnen die Waagschalen aufhängen, um die Seelen zu wiegen.

Im höchsten Bereich des Plateaus zeigt sich

das Werk in all seiner Pracht. Hier erhebt sich ein Bau in der Form eines Oktogons: Jede Seite ist 20,90 Meter lang; und das Oktogon, in dem sich vier nach den Himmelsrichtungen orientierte Portale öffnen, erreicht eine Höhe von 9,50 Meter und ist zusätzlich von einer 2,60 Meter hohen Brüstung gekrönt. Für eine Auflockerung sorgen die für die Verkleidung verwendeten Baumaterialien: Bis zur halben Höhe ist der Bau von einem Band aus mehrfarbigem Marmor umgeben, das vom malerischen Gesichtspunkt her einen helleren Bereich darstellt im Gegensatz zum oberen Teil des Gebäudes. Hier wurde der Bau mit blaugrundigen, mit Arabesken bemalten Majolika-Kacheln verkleidet: Die lange Inschrift in arabischen Buchstaben, die sich um die ganze Brüstung herumzieht, stammt aus dem Jahre 1876 und ist das Werk eines berühmten türkischen Kalligraphen namens Mohamed Chafik: Sie ist in die Majolika aus den berühmten Fabriken von Kāshān eingebrannt. Ursprünglich hatte der Bau jedoch eine andere Verkleidung: Bei den Restaurierungsarbeiten in den letzten Jahren ergab sich, daß der obere Teil des Oktogons gemäß dem Stil des 7. Jahrhunderts in einer Reihe von anmutigen, mit Mosaiken ausgelegten Arkaden endete. Dieses architektonische Motiv brachte sicherlich mehr Bewegung in die Linien des Gebäudes, da dadurch Lichtspiele entstanden, die es noch leichter und erhabener erschienen ließen. Die heutige Gestaltung des Baues verdanken wir Suleyman dem Prächtigen, der 1552 im persischen Kāshān die Majolika herstellen ließ. Sie müssen jedoch von Zeit zu Zeit ersetzt werden, da die Witterung Schäden verursacht. Hinter der Brüstung, jenseits dieser blauen Linie, deren Blau kräftiger ist als das des Himmels und nicht aufhört, mit ihm zu konkurrieren, erhebt sich das runde Tambour und über ihm die mächtige Kuppel. Die Felsendomkuppel ist nur wenig niedriger als die, die Konstantin der Große für die Anastasis des Heiligen Grabes anfertigen ließ; von ihr hatten sich die byzantinischen Architekten auch inspirieren lassen. Aber da ihr Werk im Raum schwebt, als ob es von nichts getragen werde, erreichten sie einen Eindruck von Leichtigkeit und Harmonie, der einzigartig in seiner Art bleibt. Die einst mit vergoldeten Bleiplatten verkleidete Kuppel ist seit 1959 mit Platten aus eloxiertem Aluminium ummantelt, die ihren traditionellen Namen »Goldkuppel« erneut rechtfertigen.

Natürlich blieb das Zeichen auf der Kuppelspitze im Laufe der Jahrhunderte nicht immer das gleiche: Von 1099 bis 1187 war es ein Kreuz, da die Kreuzfahrer die Moschee in eine Kirche mit dem Namen *Templum Domini* umgewandelt hatten. Doch 1187 brachte Saladin durch die Eroberung Jerusalems den Halbmond zurück, der seitdem nicht entfernt wurde. Zu wesentlichen Veränderungen kam es nie; es handelte sich vielmehr um Erneuerungen der Ausschmückung oder um Schadensbehebungen, wie sie z. B. 1447 notwendig wurden, als der Blitz in das Gebäude einschlug. Vielleicht hatte doch Suleyman die wichtigste Veränderung vorgenommen, als er – wie schon erwähnt – die Arkaden an den Außenmauern überdeckte und somit dem Monument einen noch originelleren und einzigartigeren Charakter verlieh.

Im Inneren fallen einem zuerst die zwei Reihen aus Säulen und Pilastern ins Auge: Es ist eine uneinheitliche Harmonie; die erste, an die Mauern angrenzende Pilasterreihe hat die Form eines Oktogons, es scheint fast so, als wollte man die soliden Mauern noch einmal auf eine erhabenere und lockerere Weise wiederholen; die zweite, innere Reihe ist dagegen als Kreis angeordnet und trägt den Tambour, auf dem sich die Kuppel erhebt.

Doch abgesehen von dieser ersten Beobachtung ist keine weitere Ordnung mehr festzustellen: Die Eindrücke sind so zahlreich und vielschichtig – einer entwickelt sich aus dem anderen wie die Akkorde in einer Symphonie –, daß man sie der Bedeutung nach nicht einzuordnen vermag. Die meisterhafte Gestaltung des verschiedenfarbigen Marmors als Verkleidung der Wände und Pilaster; die monolithischen und doch schlanken Säulen aus antikem marmoriertem Gestein (das von zerstörten christlichen Bauten stammt); der Mosaik- und Stuckschmuck, der mit seinen Arabesken das ganze Kuppelinnere in ein je nach Lichteinfall wechselndes Farbenspiel in Gold, Grün und Blau einbezieht; die bunten Fenster des Umganges, durch die ein so weiches Licht fällt, daß ein regenbogenfarbiger Halbschatten entsteht, wie er nur in Träumen vorkommt: All diese Pracht macht dich sprachlos, läßt dich flüstern, auch wenn du die Bewunderung, die dein Herz erfüllt, am liebsten laut äußern würdest. Hier wird das Gebet zu einem Bedürfnis, und du merkst nicht, daß es ohne Mühe, gleichsam wie von selbst von deinen Lippen kommt, denn du befindest dich in einem der eindrucksvollsten Monumente der Welt, in einem Monument, das nur zum Beten geschaffen wurde.

Im Zentrum des Heiligtums befindet sich, als lebhafter, jedoch keineswegs krasser Gegensatz zu seiner Umgebung, der nackte Felsen, der den Bau erst ins Leben gerufen hatte. In der Kreuzfahrerzeit war er von einem Schmiedeeisengitter umgeben, doch 1196 wurde es entfernt, und seitdem schützt ihn nur noch eine einfache Holzbalustrade. Geschichte und Legende vermischen sich an diesem Ort: Abraham soll hier das Feuer entfacht haben, um Isaak zu opfern; auf diesem Fels stand der Opferaltar des Salomo-Tempels, und um ihn versammelten sich die Judäer, die den Untergang des Tempels betrauerten; Mohammed war auf dem geflügelten Pferd al-Burak, das ihm der Erzengel Gabriel geschenkt hatte, hierher gekommen und hatte sein Gebet gesprochen; an diesem Ort trat er seine Himmelsreise an, und auch der Fels versuchte, ihm zu folgen, doch er wurde vom Erzengel Gabriel zurückgehalten, dessen Handabdruck noch immer im Fels zu sehen ist; und auf diesem Felsen wird am Jüngsten Tag auch der Thron Gottes stehen.

Oben Detail der Kreuzauffindungs-Kapelle in der Grabeskirche.

Auf den beiden vorhergehenden Seiten eine Ansicht des Flagellatio-Klosters der Franziskanermönche mit der Dornenkrönungs-Kapelle. Die kleine Kapelle hat einen einfachen, auf das Wesentliche beschränkten Aufbau und ist von einem Kreuzgang umgeben. Rechts ist das Innere der Kapelle zu sehen. Das Kloster liegt in der Nähe des Ortes, an dem sich die von Herodes erbaute Festung Antonia erhob, im nordwestlichen Eck des Tempelplatzes von Jerusalem. Der jüdische König gab der Burg diesen Namen zu Ehren des römischen Triumvirs Antonius. Das Gebäude, ein großer Palast mit Säulenhallen und Gärten, diente den römischen Prokuratoren zur Überwachung des Tempels, in dem es oft zu religiösen Streitereien und zu richtigen Revolten kam. Der Überlieferung nach wurde Jesus an diesem Ort von Pilatus verurteilt. 70 n. Chr. zerstörte Kaiser Titus die Festung sowie den gesamten Tempel, der Symbol für die Tradition und die Freiheit des jüdischen Volkes war. Schon in der byzantinischen Epoche entstand an diesem Ort eine Kirche: 614 von den Sassaniden zerstört, wurde sie von den Kreuzfahrern wieder aufgebaut und später mehrere Male restauriert, bis sie ihre heutige Gestalt erhielt.

AVTEM GABBATHA:
JOANN. XIX 13
TRADEBAT JUDICANTI SE INIUSTE

Links die Geißelungskapelle im Innern des Geißelungsklosters, ein moderner Bau, der an der Stelle eines 1927 durch ein Erdbeben zerstörten fränkischen Betsaals errichtet wurde. Die Geißelung war im alten Ägypten und in Assyrien als Strafe für Bauarbeiter und Sklaven sehr verbreitet; Griechenland und Rom übernahmen sie und wendeten sie ebenfalls häufig an, wie Hinweise verschiedener lateinischer Autoren beweisen; von Cato d. Ä. an waren die, die ein Recht auf die römische Staatsbürgerschaft hatten, von der Geißelung befreit, nur noch Untertanen und Sklaven wurden auf diese Weise bestraft. Oben der

Ecce-Homo-Bogen in der Nähe der dritten Station der Via Dolorosa. Einst glaubte man, daß der Bogen wie viele andere Werke auf Befehl der hl. Helena, der Mutter Konstantins, erbaut wurde; doch in Wirklichkeit geht er auf Hadrian zurück und kennzeichnete den Osteingang von Aelia Capitolina, der römischen Stadt, die der Kaiser 135 n. Chr. auf den Ruinen Jerusalems errichtet hatte. Erst um das 16. Jahrhundert herum erhielt der Bogen den Namen, unter dem er heute bekannt ist.

Rechts ist das Ende der Via Dolorosa in der Nähe der Grabeskirche zu sehen. Der Begriff Via Dolorosa verbreitete sich um 1500 als Bezeichnung für den Weg, den Christus vom Prätorium des Pilatus bis hinauf zum Kalvarienberg zurückgelegt haben soll und der heute im modernen Jerusalem durch ein Labyrinth von Straßen führt. Von den ersten Jahrhunderten des Christentums an gehen die Gläubigen als Zeichen der Frömmigkeit symbolisch den Leidensweg Christi nach, sie bleiben dabei an den bedeutendsten Orten stehen und denken über die Episoden seiner Passion nach. Da die Zahl dieser Episoden von Anfang an ungewiß war und schwankte, griff im 18. Jahrhundert die Kirche ein und legte sie auf 14 fest, entsprechend den 14 Stationen: Die letzten vier befinden sich in der Grabeskirche und enden natürlich vor dem Grab Christi. Zu Diskussionen Anlaß gibt dagegen immer noch die genaue Lage des Prätoriums; manche identifizieren es mit der Festung Antonia, andere mit einem Gebäude in der Nähe des Hauses Kaiphas' und des Abendmahlsaales auf dem Zionsberg.

Auf den beiden folgenden Seiten eine Ansicht vom Komplex des Heiligen Grabes, auf der deutlich wird, wie die ursprüngliche Anastasis bzw. Rotunde, von außen an der großen, halbkugeligen Kuppel zu erkennen, gewissermaßen ertrinkt im Gewirr der benachbarten Gebäude, der mit dem Hauptbau verbundenen Kapellen und im dichten Häusermeer der Altstadt. In diesem Gebäudekomplex sind die heiligen Stätten zu finden, die mit der Kreuzigung und dem Begräbnis Christi in Zusammenhang stehen. Das Grab und Golgota waren schon für die ursprüngliche christliche Gemeinschaft Gegenstand der Verehrung. Anfangs lagen sie außerhalb der jüdischen Stadt an einem kaum besuchten Ort, doch unter Kaiser Hadrian wurden die beiden Stätten zugeschüttet und dem Unterbau des römischen Kapitols einverleibt. Die erste monumentale Gestaltung erhielt das Grab zur Zeit Konstantins, als es die kaiserlichen Architekten Zenobios und Eustathios aus Konstantinopel isolierten, d. h. den Fels rings um das Grab abtrugen und es zum Zentrum der Anastasis machten; in der Folgezeit wurde es mehrere Male zerstört und schließlich von Konstantin Monomachus, d. h. den Kreuzfahrern, wieder aufgebaut. Ihnen verdanken wir größtenteils die heutige Gestaltung des Komplexes.

Die Fassade der Heiligen Grabeskirche geht auf die Kreuzfahrerzeit zurück und wurde ungefähr in der Mitte des 12. Jahrhunderts in romanischem Stil erbaut. Geschmückt wird sie durch zwei übereinanderliegende Reihen spitzbogiger Säulenarkaden: Die Bogen der unteren Reihe, die die hintere Wand des kurzen Querschiffes verzieren, umschlossen das große Doppelportal der Kreuzfahrerbasilika; diese Basilika erstreckte sich in ostwestlicher Richtung und verband, dicht bedrängt von den zahlreichen, den Heiligen und dem Andenken an das Leiden Christi geweihten Kapellen aus früherer Zeit, das Martyrion mit der Anastasis.

Rechts ein Detail von der Verzierung der Bogen über dem Eingang der Grabeskirche; der mehrstufige Bogenrücken wird durch einen originellen kannelierten Fries und einen zweiten äußeren Fries aus klassischen Blättermotiven betont; auch bei den raffiniert bearbeiteten Kapitellen vermischen sich klassische und romanische Elemente. Die Bogenfelder waren mit Mosaiken geschmückt, die heute leider verschwunden sind. Oben ein Detail der oberen Reihe mit großen Spitzbogenfenstern und mehrfachen, plastischen Bogenrücken; im äußersten Band ein Weinblattmotiv.

Links eine verkürzte Ansicht der romanischen Fassade mit der steilen Treppe, die ursprünglich den Zugang zum Heiligtum von Golgota darstellte; auch dieser Bau erhielt seine endgültige Gestalt zur Zeit der Kreuzfahrer, man versah ihn mit einem Kuppeldach und verstärkte die schon von Konstantin Monomachus errichteten Strukturen. Die von Säulen getragene Ädikula, die später in eine Kapelle umgewandelt, »Unserer Herrin der Franken« geweiht und vom restlichen Komplex getrennt wurde, stellte das Atrium dar; heute ist sie nur vom Innern des Heiligtums aus zugänglich. Unten der Eingang der Heiligen Grabeskirche.

Links Detail eines der Reliefs aus getriebenem Kupfer, die Szenen von der Passion und der Auferstehung zeigen; das hier reproduzierte Werk schmückt den lateinischen Kreuzigungsaltar im Heiligtum von Golgota bzw. Kalvaria. Es wurde 1588 von dem Dominikanermönch Domenico Portigiani für Kardinal Ferdinando de' Medici angefertigt und ist ein Beweis dafür, mit welcher Kontinuität die heiligen Stätten der Passion und des Todes Christi nach dem Mittelalter, der großen Zeit des Christentums, von der westlichen Welt verehrt wurden.

Oben der orthodoxe Altar der Kreuzerhöhung im Heiligtum von Kalvaria. Er ist gemäß dem orientalischen Geschmack mit unzähligen Lampen, Ikonen und Kerzen geschmückt. Der Gekreuzigte über dem Altar ist von der Jungfrau Maria und dem Evangelisten Johannes flankiert, in Einklang mit der Stelle im Evangelium, die besagt, daß sie zu Füßen des Kreuzes standen. Auch im Innern des Heiligtums von Golgota wurden bestimmte Besitzverhältnisse festgelegt, es kam zu einer Aufteilung der heiligen Stätten zwischen den verschiedenen Kirchen und Orden.

Unter der Marmorplatte des Kreuzerhöhungs-Altares zeigt eine bronzene Tafel den genauen Ort an, wo der Überlieferung nach das Kreuz Christi aufgestellt wurde (links). Auf dem Bild unten ist der Spalt zu sehen, der seit dem 4. Jahrhundert als der identifiziert wird, der sich beim Erdbeben nach dem Tod Christi bildete: »Die Erde bebte, und die Felsen spalteten sich, die Gräber öffneten sich, und die Leiber vieler Heiligen, die entschlafen waren, wurden auferweckt…« (Matthäus 27,51). Hinter dem Spalt liegt der ursprüngliche Golgota-Felsen.

Links eine verkürzte Ansicht vom Atrium der Basilika. Die komplexe »Topographie« des Baus spiegelt sich in der ebenfalls komplexen Struktur des Gebäudes, das hier auf diesem Bild in drei übereinander angeordnete Arkadenreihen gegliedert ist, in stilistischen Eindrücken wider: Hier Kreuzgewölbe, gotische Spitzbogen in der massiven romanischen Körperhaftigkeit der Mauer und klassische Elemente in den Säulen und den korinthischen Kapitellen. Unten der Salbstein, auf dem der Körper Jesu lag und mit Ölen gesalbt wurde.

Rechts ist eine verkürzte Ansicht der omphalos-*Kuppel zu sehen. Sie überragt die Querschiffvierung der Basilika der Kreuzfahrer, die dem Heiligen Grab im 12. Jahrhundert eine neue monumentale Gestalt verliehen. Zuerst wurde die Anastasis restauriert und – wie die Gewölbe der Golgota-Kapelle – mit Mosaiken verziert; dann entstand das Chorherrenstift und das neue Patriarchat, die Krypta der hl. Helena wurde fertiggestellt, und die Krypta der konstantinischen Basilika erhielt eine eigene Gestaltung. Anschließend wurde, um die verstreuten Kapellen und Gebäude zu einem einzigen, kompakten Block zu vereinen, die neue Basilika errichtet, deren Grundriß die bereits existierenden Bauten »rational« verbindet. Ihre Hauptachse liegt im »Heiligen« Garten, dem einzigen bebaubaren Bereich. Ausgehend von der Fassade der Anastasis erstreckt sie sich also in östlicher Richtung mit zwei durch Emporen unterteilten Seitenschiffen und grenzt an die große Säulenexedra des Martyrion an, das seit damals den Chor der Chorherren des Heiligen Grabes darstellte. Das kurze nordsüdlich orientierte Querschiff endet auf der einen Seite am »Bogengang der Jungfrau« und auf der anderen Seite an den zwei Portalen, die auf den Platz vor dem Komplex hinausführen.*

Die Rotunde bzw. Anastasis Konstantins stellt den ältesten Teil der monumentalen Anlage dar: Links eine verkürzte Ansicht des ringförmigen Umgangs. Die als eigenes, selbständiges Gebäude konzipierte Anastasis befand sich, vom restlichen Komplex abgesondert, inmitten eines Gartens und barg im Zentrum das Grab Christi, das von einem Säulenkreis und außen vom weiten Halbrund der Umfassungsmauer umgeben war. Die Fassade, in der sich sieben große Portale öffneten, bildete gewissermaßen eine Tangente zum Umkreis und war in nordsüdlicher Richtung ausgerichtet. Die erste Reihe aus Säulen und Bogen wurde von einer zweiten höheren Reihe, einer Attika und schließlich der Kuppel überragt. Die zahlreichen Lichtquellen in der Umfassungsmauer – 15 große Fenster auf jeder der drei Höhenstufen –, heute größtenteils geschlossen, tauchten das konstantinische Monument in eine natürliche Helligkeit und ermöglichten es – gemäß der Vorstellung, die dieser besonderen Architektur zugrunde lag –, daß das »Licht« Christi wie aus einer Laterne austreten und sich auf der Erde verbreiten konnte. Nach Jahrhunderten der gewaltsamen Veränderungen ist die Rotunde heute eher ein düsterer Hohlraum, der die geradezu überladene Grabeskapelle beherbergt (rechts).

Die Heilige Grabeskapelle (links ein Detail des Eingangs) zeigt sich heute in der Gestalt, die ihr die griechischen Mönche bei den von 1808 bis 1810 durchgeführten Restaurierungsarbeiten – der Komplex war einem Brand zum Opfer gefallen – verliehen haben, nämlich in der Gestalt eines prächtigen Kioskes in maurischem Stil. Die Ädikula gliedert sich in zwei kleine Bereiche: Ein Atrium, Engelskapelle genannt (rechts) – das in einem Marmorreliquiar ein Fragment des heiligen Felsen enthält, von den Christen nach den Zerstörungen durch Hakim im Jahre 1009 zusammengetragen – führt in die Grabkammer, in der unter weißen Marmorplatten der ursprüngliche Felsen mit jenem »neuen Grab, in dem noch niemand bestattet worden war« (Johannes 19,41), verborgen ist. Joseph von Arimatäa, Besitzer dieses Gebiets, eines an Golgota angrenzenden Gartens, hatte Christus die Grabeshöhle zur Verfügung gestellt.

Links der Eingang zum Grab des Joseph von Arimatäa, rechts der Erscheinungsaltar, der die Wiederbegegnung Christi mit Maria Magdalena geweiht ist. Der Zugang ist in die Außenmauer der konstantinischen Rotunda eingefügt, wenige Meter vom Grab Christi entfernt; der Altar befindet sich ebenfalls im Bezirk der Rotunde, jedoch auf der dem Grab gegenüberliegenden Seite. Beide in den Evangelien erwähnten Orte lagen im Besitz des Joseph von Arimatäa, »ein Jünger Jesu, aber aus Furcht vor den Juden nur heimlich« (Johannes 19,38), und zwar in dem Garten, in den der Leichnam Christi gebracht und wo er begraben wurde. Hier soll es auch gewesen sein, wo Maria Magdalena drei Tage nach dem Tode Jesu, als sie sich »ganz früh ... als die Sonne gerade aufging« (Markus 16,1) mit den anderen Frauen zum Grab begab, um den Leichnam mit wohlriechenden Ölen einzubalsamieren, als erste den auferstandenen Christus gesehen hat. Zuerst hielt sie ihn für den Gärtner, doch dann erkannte sie in ihm den Herrn. Die beiden folgenden Seiten zeigen zwei verkürzte Ansichten der nördlichen Seite des Querschiffes der Kreuzfahrerbasilika, den sogenannten »Bogengang der Jungfrau«.

Östlich des Heiligen Grabes erstreckt sich die romanische Basilika: Der Chor bzw. das Martyrion ist durch eine massive Ikonostase (unten) abgetrennt. Im Zentrum der von einer gewaltigen Kuppel (rechts) überwölbten Vierung befindet sich ein kleiner Pilaster, der den Omphalos, den Nabel der Welt, anzeigt; diese Festlegung basiert auf einer irrtümlichen Interpretation eines Bibelverses: »Operatus est salutem in medio terrae«; die wirkliche Bedeutung »Der Herr hat, in der Mitte der Menschen stehend, die Erlösung gebracht« wurde falsch wiedergegeben, und die Orte der Leidensgeschichte hatten

nunmehr nicht nur die Bedeutung eines geistigen, sondern auch die eines geographischen Zentrums. Dieser Teil der Basilika gehört den Griechen gemäß des Status Quo, einem 1757 vom englischen Gouverneur Palästinas erlassenen Dekret, das die seit Jahrhunderten praktizierte Aufteilung der heiligen Stätten zwischen den Religionsgemeinschaften bekräftigte. Damit haben die Lateiner, Griechen und Armenier einen konkreten Sitz in der Basilika und sind, abgesehen von ihrem eigenen Sitz und ihren Kapellen, Mitbesitzer der bedeutendsten Elemente.

Rechts ist das Heilige Gefängnis zu sehen, ein enger Raum im ursprünglichen Atrium, der in die Kreuzfahrerbasilika einverleibt wurde. Seit dem 8. Jahrhundert trägt der Raum diesen Namen, doch in Wirklichkeit handelt es sich um einen antiken kirchlichen oder staatlichen Kerker, der mit dem Forum der römischen Colonia verbunden war. Das Mißverständnis entstand wahrscheinlich, weil die Kultfreiheit der Christen während der arabisch-moslemischen Besetzung Palästinas stark eingeschränkt wurde: Infolgedessen verlegte man viele Funktionen, die in den Heiligtümern an den verschiedenen Orten der Leidensgeschichte erfüllt wurden, in das Innere der Heiligen Grabeskirche, unter anderem auch die Nachvollziehung der Via Crucis. Damals begann man die Gefangennahme Christi im nordöstlichen Eck der Säulenhalle »darzustellen«, in dem Raum, der auch in Wirklichkeit ein Gefängnis gewesen sein muß. Die Gewohnheit, diesen Ort Heiliges Gefängnis zu nennen, führte dazu, daß der Ursprung seines Namens vergessen wurde und man ihn schließlich wirklich für die Zelle hielt, in der Jesus in der Nacht seiner Festnahme im Garten Getsemani eingeschlossen war und darauf wartete, Pilatus vorgeführt zu werden.

An der Außenseite des Chors der Heiligen Grabeskirche befindet sich ein Umgang, von dem aus man in zahlreiche Kapellen gelangt: In die Kapelle des hl. Longinus, die Kapelle der Kleiderverteilung (links) und die Verspottungskapelle. Zwischen den Kapellen führen zwei Türen zu unterirdischen Räumen: Die eine zum Stift der lateinischen Chorherren, die andere (rechts) zur Krypta der hl. Helena, der Mutter des Kaisers Konstantin, die während einer Pilgerreise im Heiligen Land das wirkliche Kreuz gefunden haben soll. Angeblich hat sie dann ein Stück dieses Holzes nach Rom gebracht. Die Krypta der hl. Helena gehört den Armeniern und besteht aus drei Schiffen. Vier Säulen verschiedenartiger Herkunft tragen die zentrale Kuppel, die 1130 von den Kreuzrittern erbaut worden ist. Die Einrichtung stammt dagegen aus der Neuzeit.

Links Innenansicht der Krypta der hl. Helena. Das Bild unten zeigt ein Detail der Kreuze, die die Kreuzfahrer in die Wände des Treppenzugangs eingeritzt haben, nachdem sie 1099 unter der Führung Gottfrieds von Bouillon Jerusalem erobert hatten. Auf diesen ersten Kreuzzug folgten in weniger als 100 Jahren weitere sieben, die Persönlichkeiten wie Friedrich Barbarossa, Richard Löwenherz (beide Anführer des 3. Kreuzzuges), Enrico Dandolo (4. Kreuzzug) und Ludwig IX. im 7. und 8. Kreuzzug, der auch mit dem Tod des französischen Herrschers 1270 endete, berühmt gemacht haben.

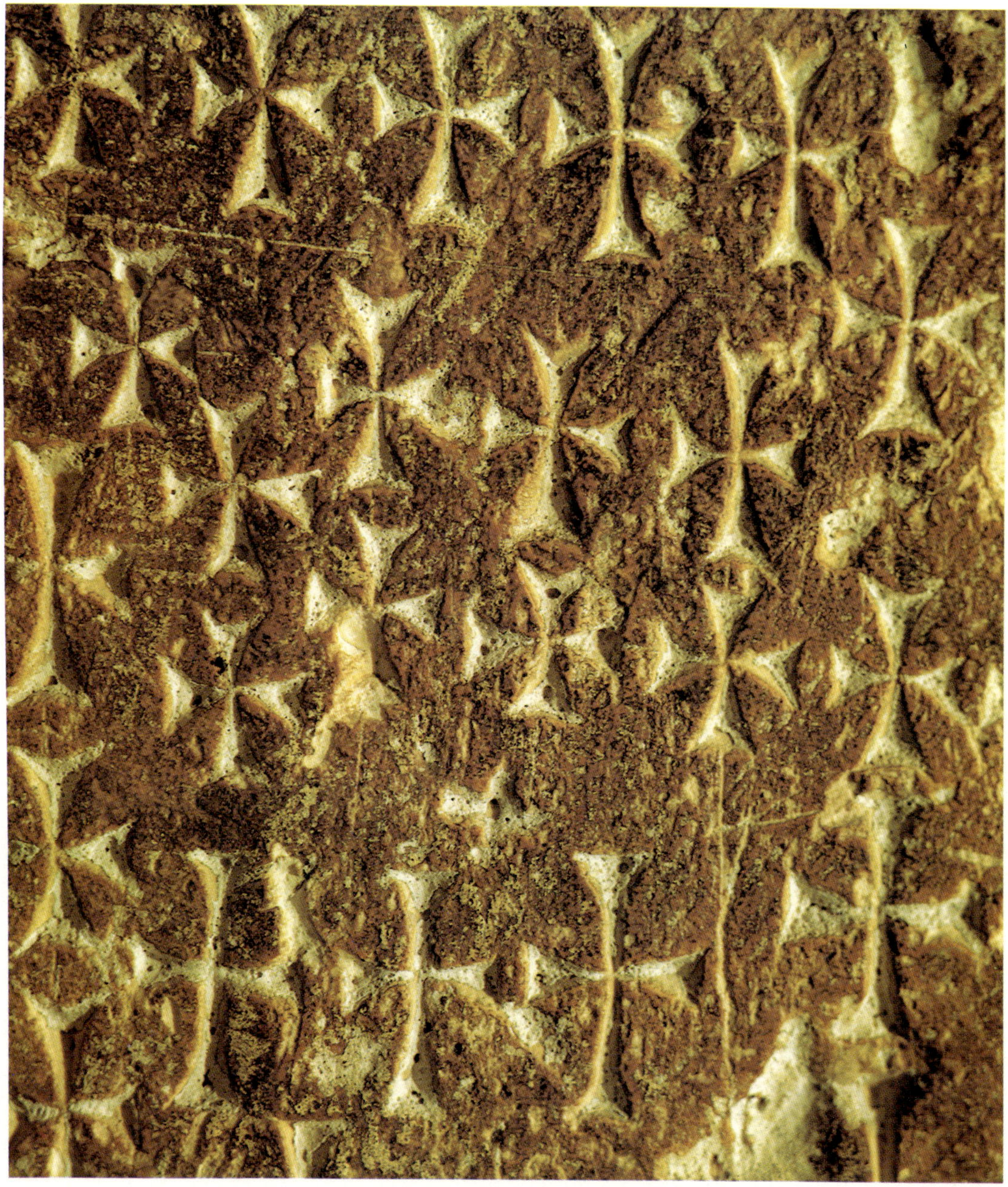

Das Felsplateau, auf dem sich der Felsendom, der Haram as-Sahra (rechts), erhebt, ist für drei Religionen ein heiliger Ort. Für die Juden ist es der Berg Moriah, auf dem Abraham Isaak opfern wollte und auf dem der Salomo-Tempel errichtet wurde. Der Unterbau des Tempels, der einzige Gebäudeteil, der von den Zerstörungen des Titus verschont geblieben ist, dient seit der byzantinischen Epoche als Gebetsstätte für die Juden: Auf ihren Gesang und ihre Klagen ist der Name »Klagemauer« zurückzuführen. Für die Christen steht der Haram in Zusammenhang mit dem Andenken an die Burg Antonia, die sich am äußersten Ende des Tempelplatzes erhob und in der Christus verurteilt und auf die Hinrichtung vorbereitet wurde. Nach dem moslemischen Glauben schließlich hat Mohammed, der auf einem Flügelpferd nach Jerusalem gekommen war, vom höchsten Punkt dieses Felsens aus seine legendäre Himmelsreise angetreten; auf dieser Reise, während er auf einem vergoldeten Lichtstrahl immer höher in den Himmel auffuhr, lernte er alle Freuden des Paradieses kennen, und schließlich erschien ihm Allah, und der Prophet erfuhr, was seine Anhänger tun mußten, um diesen Glückszustand zu erreichen.

An dem Ort, von dem aus Mohammed seine Himmelsreise angetreten hatte, ließ Kalif Omar ibn al-Khattab, höchster Führer des Islam, um 640 seine Moschee errichten, die wir aufgrund der Beschreibungen eines christlichen Pilgers kennen: »Ein Ort des Gebets in einer quadratischen Form, den die Sarazenen roh zusammengezimmert haben, indem sie auf einigen Ruinenresten Bretter und Balken aufeinanderschichteten.« 687 ersetzte ein Nachfolger im Amt des Kalifen, Abd al-Malik ibn Marwan, die erste Moschee durch ein Bauwerk von unvergleichlicher Schönheit, den Qubbat as-Sahra bzw. Felsendom (zu Unrecht, doch allgemein

Omar-Moschee genannt), in der Absicht, den Heiligen Felsen Jerusalems als höchsten Kultort des Islam der Kaaba, dem schwarzen Stein Mekkas, gegenüberzustellen, das damals unter der Herrschaft seines Rivalen Abdallah ibn Zobeir stand. Im 12. Jahrhundert wurde die Moschee in eine Kirche umgewandelt und erhielt den Namen Templum Domini; 1187 wurde sie von Saladin erneut dem muselmanischen Kult geweiht. Auf diesen beiden Seiten sind Details der Westfassade und auf den beiden folgenden Seiten eine Gesamtansicht der Westfront zu sehen.

Der Felsendom steht im Gegensatz zum restlichen Haram auf einem erhöhten Plateau, zu dem man über eindrucksvolle Freitreppen gelangt; an deren Ende wurden in der Mameluckenzeit die mawazin *errichtet, elegante Säulenarkaden, an die dem moslemischen Glauben nach am Jüngsten Tag Waagschalen gehängt werden, um die Seelen zu wiegen (unten die Säulenarkade von der südwestlichen Seite). Die Moschee hat einen achteckigen Grundriß: Auf vier von den acht Seiten, die alle mit einer wertvollen Ornamentik versehen sind (links ein Detail), befinden sich nach den vier Himmelsrichtungen orientierte Portale und Vorhallen.*

Im Zentrum des äußeren Oktogons erhebt sich die Kuppel (unten). Sie besteht aus einem hölzernen Bogengerüst und Metallplatten, die der Kalif Abd al-Malik vollständig vergolden ließ: Die »Goldkuppel« wurde Gegenstand besonderer Pflege und Aufmerksamkeit; um sie vor Unwettern zu schützen, fertigte man sogar zwei Abdeckungen – wie ein persischer Reisender berichtet – »aus Filz und Tierhäuten« an. 1959 wurde die Kuppel mit Platten aus eloxiertem Aluminium verkleidet, und so bietet sie sich heute in ihrer ursprünglichen Pracht dar. Rechts eines der Moscheeportale.

Die äußere Verzierung der Moschee ist in zwei horizontal getrennte Bereiche unterteilt (auf den beiden folgenden Seiten): Ein hohes Marmorband, das im 16. Jahrhundert gemäß dem ursprünglichen Modell erneuert wurde, und darüber mit Arabesken verzierte, blaugrundige Majolika-Kacheln: Diese Verkleidung aus dem Jahre 1552 (zahlreiche Restaurierungen erfolgten im 19. Jahrhundert) ist ein Werk Suleymans des Prächtigen; er ließ in der persischen Stadt Kāshān die Majolika anfertigen, die die ursprünglichen Mosaike ersetzten. Im 19. Jahrhundert wurde die lange Inschrift in arabischen Buchstaben hinzugefügt, die den Giebel schmückt.

Das Innere der Moschee setzt sich aus drei konzentrischen Schalen zusammen: Einem ersten Umgang, der auf der einen Seite durch die Außenmauer und auf der anderen durch eine zur Mauer parallelen Reihe von Pilastern und Säulen abgegrenzt wird; einem zweiten Umgang (rechts) zwischen dem ersten Umgang und einem zweiten Ring aus Pilastern und Säulen, die den Umkreis des zentralen Rundbaus festlegen; und schließlich dem Rundbau selbst mit dem Heiligen Felsen. Die verschiedenen Elemente sind nach genauen geometrischen Verhältnissen zueinander angeordnet (siehe Zeichnung). Nach Festlegung des Rundbau-Umkreises beschrieben die Architekten zwei um 45 Grad gedrehte Quadrate ein; die Schnittpunkte der verlängerten Seiten dieser Quadrate bestimmten die Gestalt des inneren Oktogons, das dem ersten Umgang entspricht. Die verlängerten Oktogonseiten legten ihrerseits zwei um 45 Grad gedrehte Quadrate fest, Projektionen der ersten, die ebenfalls in einen Umkreis einbeschrieben werden konnten. Das in diesem Umkreis einbeschriebene Oktogon stimmt mit dem äußeren Umgang überein.

Auf diesen Seiten sind Säulen und Pilaster des äußeren (unten) und des inneren Umgangs (rechts) zu sehen. Die Säulen sind aus wertvollem Marmor gefertigt und stammen alle aus christlichen Kirchen, die bei der Invasion der Sassaniden 614 dem Erdboden gleichgemacht wurden. Die Moschee weist eine reiche Ornamentik auf: Von den Mosaiken der Arkaden aus dem Jahre 692 bis zu den Holzplatten aus dem 19. Jahrhundert an der Decke des zweiten Umgangs. Die Ausschmückung des Gebäudes wird durch die 36 Glasfenster aus der Zeit Suleymans vervollständigt.

Hinter dem zweiten Umgang (links ein Detail der Verzierung) befindet sich der von einer hölzernen Balustrade umgebene Heilige Felsen. In ihm verbirgt sich eine Höhle, die von den Moslems »Seelenbrunnen« genannt wird: Gemäß ihrer Religion versammeln sich dort die Verstorbenen, um Allah zu verehren (rechts der Zugang zum »Brunnen«). Nach der Vorstellung des Gründers der Moschee sollte das sancta sanctorum *von einer besonderen Atmosphäre umgeben sein, geschaffen durch das von den Glasfenstern der Kuppel eindringende Licht und durch den Duft Hunderter von Lampen, in denen man Tamarisken- und Jasminöl verbrannte. Ferner hatte der Kalif den Befehl gegeben, den Felsen jeden Tag mit einem aromatischen Gemisch, dem* khuluk, *einzureiben. So konnte der Gläubige, wenn er den Rundbau durchschritt, die Freuden des Paradieses genießen.*

Rechts ist das Innere der Felsendomkuppel zu sehen, Zentrum und Höhepunkt des ganzen Gebäudes. Beim Bau des Kuppelrunds ließ sich Abd al-Malik sicherlich von dem konstantinischen Werk in der Heiligen Grabeskirche inspirieren: Der Durchmesser (ungefähr 20 m) und die Höhe der zwei Kuppeln (ca. 21 m) stimmen fast überein, außerdem ist bei beiden der Tambour durch eine Reihe von gekrümmten Fenstern geschmückt. Durch die Schaffung eines Meisterwerks gleicher Pracht wollte der Kalif seine Religion der christlichen gegenüberstellen; ein Chronist aus dieser Zeit berichtet, daß der Kalif, nachdem er sich der Herrlichkeit der Anastasis bewußt geworden war, »befürchtete, daß der Geist der Moslems verzaubert würde, und so ließ er auf dem Felsplateau die Kuppel errichten, die man heute dort bewundert«. Die Struktur der großen Kuppel wird durch zwei konzentrische, mit Holzverstrebungen verbundene Kuppelschalen erreicht. Die innere Kuppelschale, die einst mit wertvollen Mosaiken verziert war, hat nun eine Ornamentik aus Stuck und Gold mit dekorativen Motiven und kalligraphischen Inschriften. Auf das Jahr 1028 gehen hingegen die Mosaike des Tambours zurück, die Blumenmotive aufweisen.

Inhalt

JERUSALEM, HEILIGE GRABESKIRCHE UND FELSENDOM

3 *Ursprung der Geistlichkeit* von Gianfranco Nolli

GRABESKIRCHE

17 Kreuzauffindungs-Kapelle
18–19 Dornenkrönungs-Kapelle und Kreuzgang des Flagellatio-Klosters der Franziskaner
20–21 Innenansicht der Dornenkrönungs-Kapelle
22 Geißelungskapelle
23 Ecce-Homo-Bogen
24–25 Das Ende der Via Dolorosa
26–27 Ansicht vom Komplex des Heiligen Grabes
28 Fassade
29 Detail der Eingangsarkaden
30 Verkürzte Ansicht der Fassade
31 Eingang des Heiligen Grabes
32 Relief des Kreuzigungsaltares
33 Kreuzerhöhungsaltar
34 Ort der Kreuzerhöhung
35 Spalt im Felsen
36 Verkürzte Ansicht des Atriums
37 Salbstein
38–39 Verkürzte Ansicht der *omphalos*-Kuppel
40 Rotunde
41 Grab Christi
42 Detail des Grabeingangs
43 Atrium des Grabes, Engelskapelle genannt
44 Grab des Joseph von Arimatäa
45 Erscheinungsaltar
46–47 »Bogengang der Jungfrau«
48 Ikonostase des Chores
49 *omphalos*-Kuppel
50–51 Heiliges Gefängnis
52 Kleiderverteilungs-Kapelle
53 Zugang zur Krypta der hl. Helena
54 Innenansicht der Krypta der hl. Helena
55 In die Wand des Treppenzugangs zur Krypta eingeritzte Kreuze

FELSENDOM

56–57 Haram as-Sahra
58–59 Details der Westseite des Felsendoms
60–61 Westseite der Moschee
62 Detail der äußeren Verzierung
63 *Mawazin*
64 »Goldkuppel«
65 Eines der vier Eingangsportale
66–67 Detail der äußeren Verzierung
68–69 Innenansicht
70–71 Äußerer und innerer Umgang
72 Detail der Verzierung des zweiten Umgangs
73 Zugang zum »Seelenbrunnen«
74–75 Innenansicht der Kuppel